AF175721

Impressum
Verlag: BABADADA GmbH, Nedderfeld 112 , 22529 Hamburg
Geschäftsführer / Verlagsleitung: Harald Hof
Druck: Books on Demand GmbH, In de Tarpen 42, 22848 Norderstedt

Imprint
Publisher: BABADADA GmbH, Nedderfeld 112 , 22529 Hamburg, Germany
Managing Director / Publishing direction: Harald Hof
Print: Books on Demand GmbH, In de Tarpen 42, 22848 Norderstedt

escuela
escola

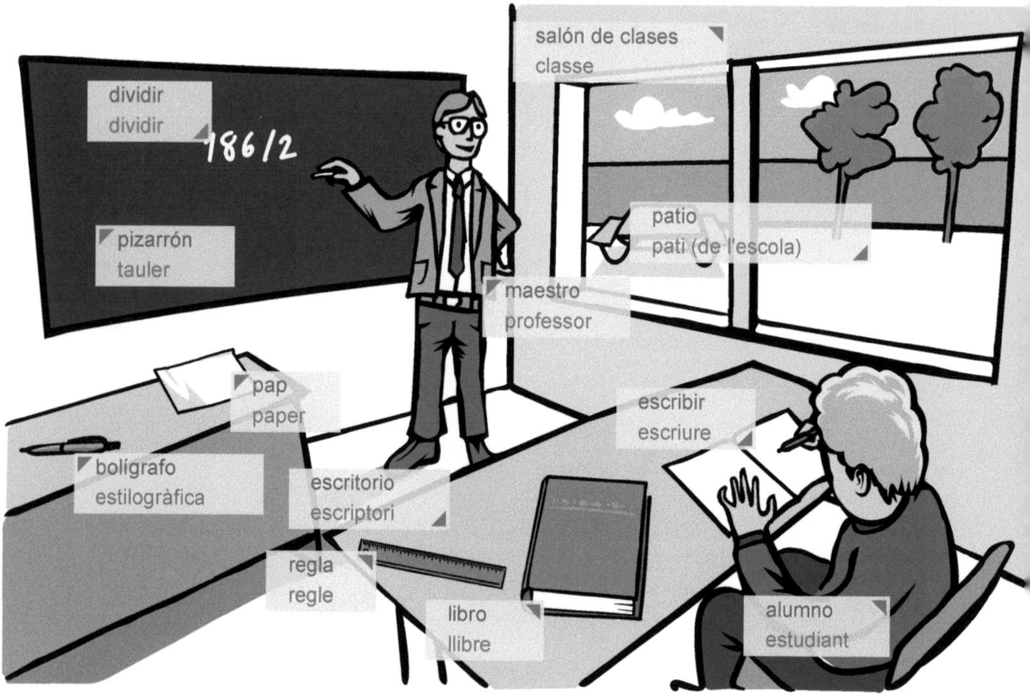
salón de clases
classe
dividir
dividir
186/2
pizarrón
tauler
patio
pati (de l'escola)
maestro
professor
pap
paper
escribir
escriure
bolígrafo
estilogràfica
escritorio
escriptori
regla
regle
libro
llibre
alumno
estudiant

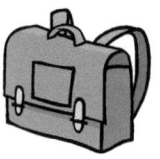

mochila
bossa

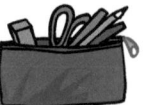

caja de lápices
estoig

lápiz
llapis

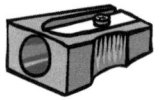

sacapuntas
maquineta de fer punta

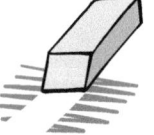

goma de borrar
goma

bloc de dibujo
bloc de dibuix

dibujo
dibuix

pincel
pinzell

caja de lápices de color
capsa de pintures

tijeras
tisores

pegamento
cola

libro de ejercicios
quadern d'exercicis

tarea
deures

número
nombre

2+2

sumar
afegir

5-2

restar
sostreure

multiplicar
multiplicar

calcular
calcular

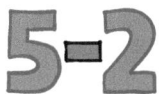

letra
lletra

alfabeto
alfabet

palabra
mot

texto
text

leer
llegir

tiza
guix

lección
lliçó

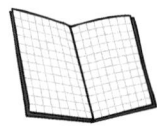

cuaderno de clase
llibre de classe

examen
examen

certificado
certificat

uniforme
uniforme escolar

educación
formació

enciclopedia
enciclopèdia

universidad
universitat

microscopio
microscopi

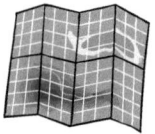

mapa
mapa

bote de basura
paperera

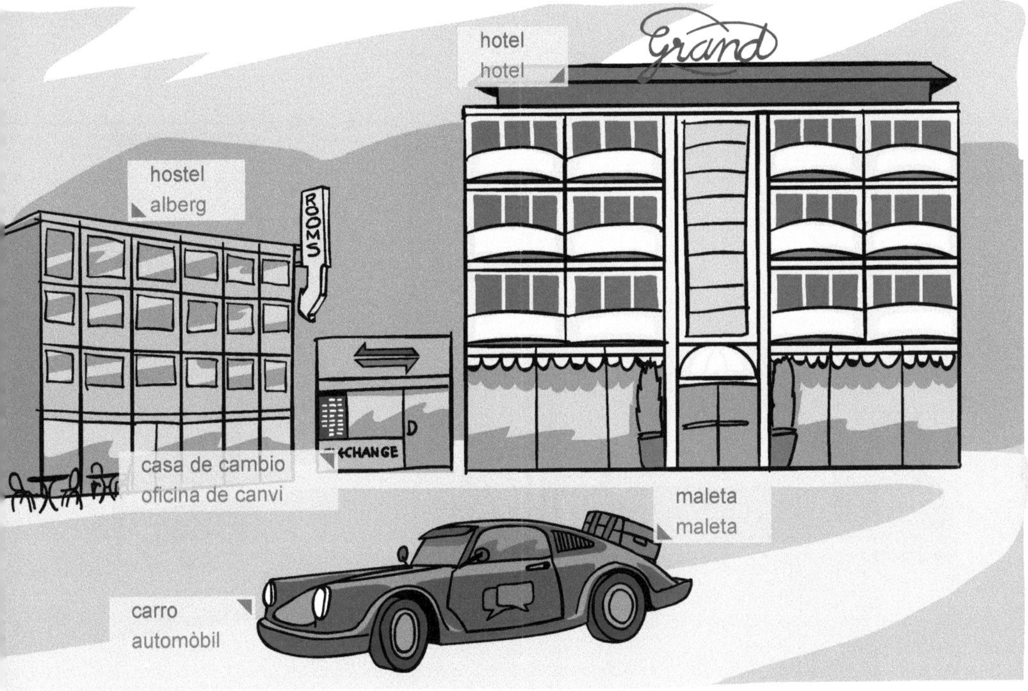

hotel
hotel
Grand
hostel
alberg
ROOMS
casa de cambio
oficina de canvi
maleta
maleta
carro
automòbil

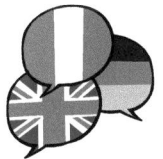

idioma

llengua

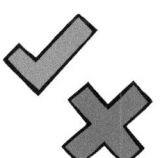

sí / no

sí / no

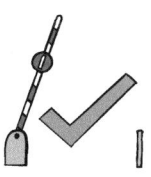

Órale

D'acord

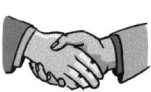

hola

Ey!

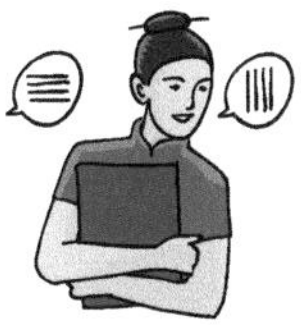

traductor

traductora

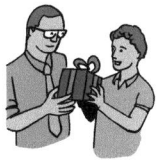

Gracias

gràcies

¿cuánto cuesta…?

Quant costa… ?

No entiendo

No entenc

problema

problema

¡Buenas tardes!

Bona nit!

¡Buenos días!

bon dia!

¡Buenas noches!

bona nit!

adiós

fins aviat

dirección

direcció

equipaje

bagatge

bolsa

bossa

mochila

sarrona

invitado

convidat

recámara

cambra

bolsa de dormir

sac de dormir

tienda de campaña

tenda

información turística

oficina de turisme

playa

platja

tarjeta de crédito

carta de crèdit

desayuno

esmorzar

almuerzo

dinar

cena

sopar

billete

bitllet

ascensor

ascensor

sello

segell

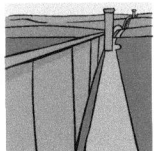

frontera

frontera

aduana

duana

embajada

ambaixada

visa

visat

pasaporte

passaport

transporte
transport

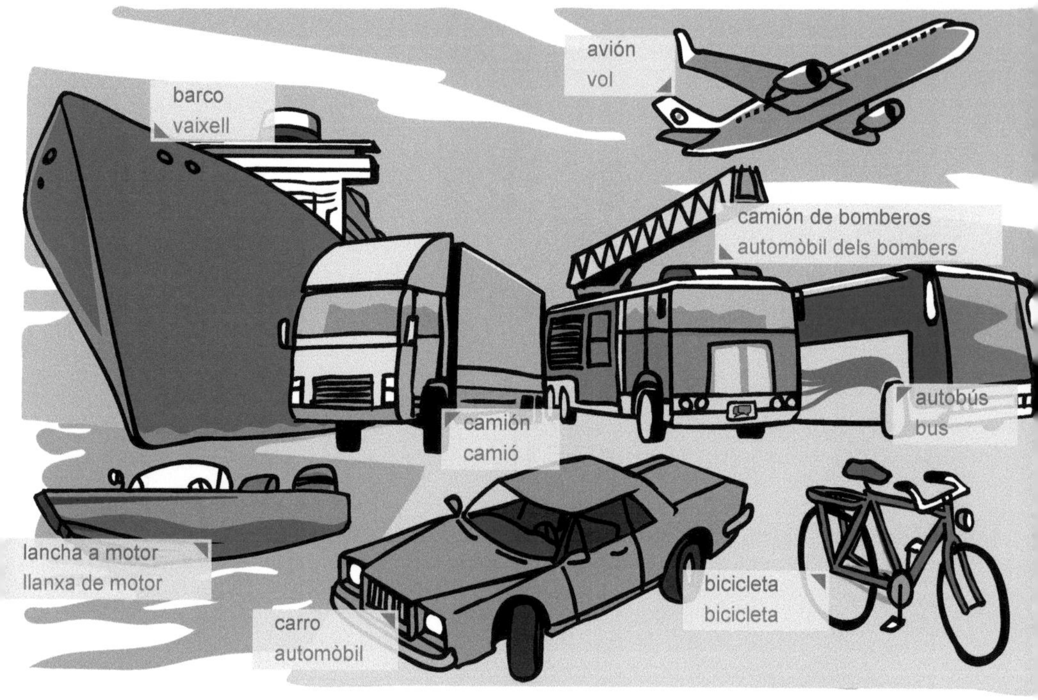

avión
vol
barco
vaixell
camión de bomberos
automòbil dels bombers
autobús
bus
camión
camió
lancha a motor
llanxa de motor
carro
automòbil
bicicleta
bicicleta

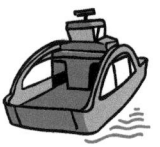

ferry

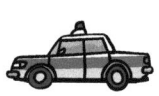

transbordador

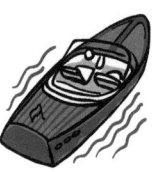

bote

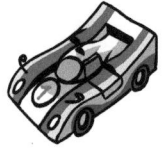

barca

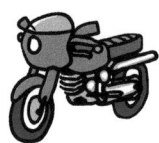

motocicleta

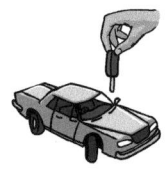

moto

patrulla

automòbil de policia

coche de carreras

automòbil de curses

auto para rentar

automòbil de lloguer

renta de autos

vehicle compartit

grúa

grua

camión recolector de basura

camió de les escombraries

motor

motor

gasolina

benzina

gasolinera

benzineria

señal de tráfico

senyal de trànsit

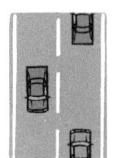

tránsito

trànsit

embotellamiento

embús

aparcamiento

aparcament

estación de tren

estació de trens

vías

vies

tren

tren

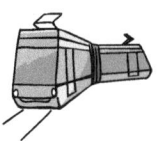

tranvía

tramvia

vagón

vagó

helicóptero

helicòpter

aeropuerto

aeroport

torre

torre

pasajero

passatger

contenedor

contenidor

caja de cartón

capsa de cartó

carretilla

carretó

cesta

cistella

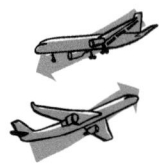

despegar / aterrizar

enlairar-se / aterrar

ciudad

ciutat

pueblo

poble

centro de ciudad

centre de la ciutat

casa

casa

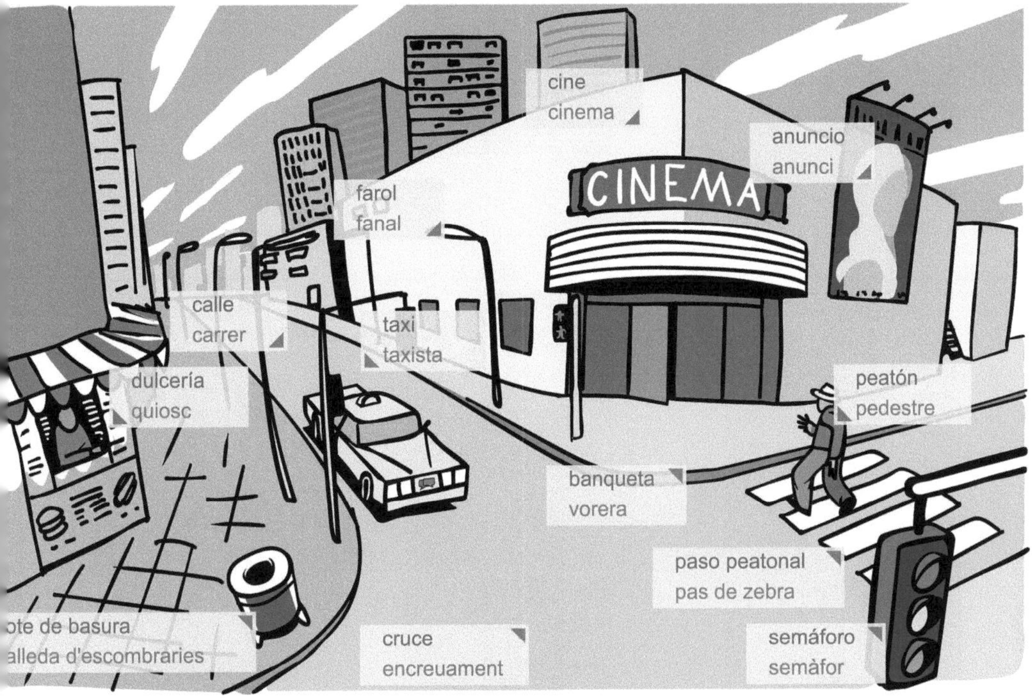

cine / cinema

anuncio / anunci

farol / fanal

calle / carrer

taxi / taxista

dulcería / quiosc

peatón / pedestre

banqueta / vorera

paso peatonal / pas de zebra

bote de basura / galleda d'escombraries

cruce / encreuament

semáforo / semàfor

cabaña
cabana

apartamento
apartament

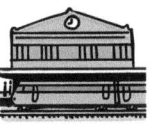

estación de tren
estació de trens

ayuntamiento
casa de la vila-ciutat

museo
museu

escuela
escola

ciudad - ciutat

universidad

universitat

banco

banca

hospital

hospital

hotel

hotel

farmacia

farmàcia

oficina

oficina

librería

llibreria

tienda

botiga

florería

floristeria

supermercado

supermercat

mercado

mercat

grandes tiendas

gran magatzem

pescadería

peixateria

centro comercial

centre comercial

puerto

port

parque

parc

banco

banc

puente

pont

escaleras

escala

metro

metro

túnel

túnel

parada de autobús

parada d'autobús

bar

bar

restaurante

restaurant

buzón

bústia de correu

letrero

senyal indicador

parquímetro

parquímetre

zoológico

zoo

alberca

piscina

mezquita

mesquita

granja
granja

contaminación
pol·lució

cementerio
cementiri

iglesia
església

área de niños
parc infantil

templo
temple

paisaje
paisatge

hoja
fulla

señal
cartell indicador

camino
camí

pradera
prat

piedra
pedra

caminante
excursionista

árbol
arbre

río
riu

pasto
gespa

flor
flor

valle
vall

montaña
muntanya

lago
llac

bosque
bosc

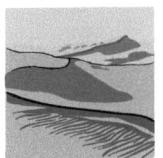

desierto
desert

volcán
volcà

castillo
castell

arco iris
arc de Sant Martí

champiñón
bolet

palmera
palmera

mosquito
moscard

mosca
mosca

hormiga
formiga

abeja
abella

araña
aranya

escarabajo
escarabat

rana
granota

ardilla
esquirol

erizo
erizó

liebre
llebre

lechuza
òliba

pájaro
ocell

cisne
cigne

jabalí
senglar

ciervo
cervo

alce
ant

embalse
presa

turbina eólica
turbina

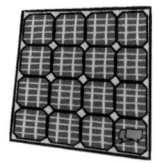

pansolar
panell solar

clima
clima

restaurante
restaurant

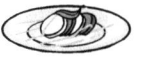

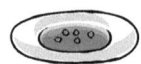

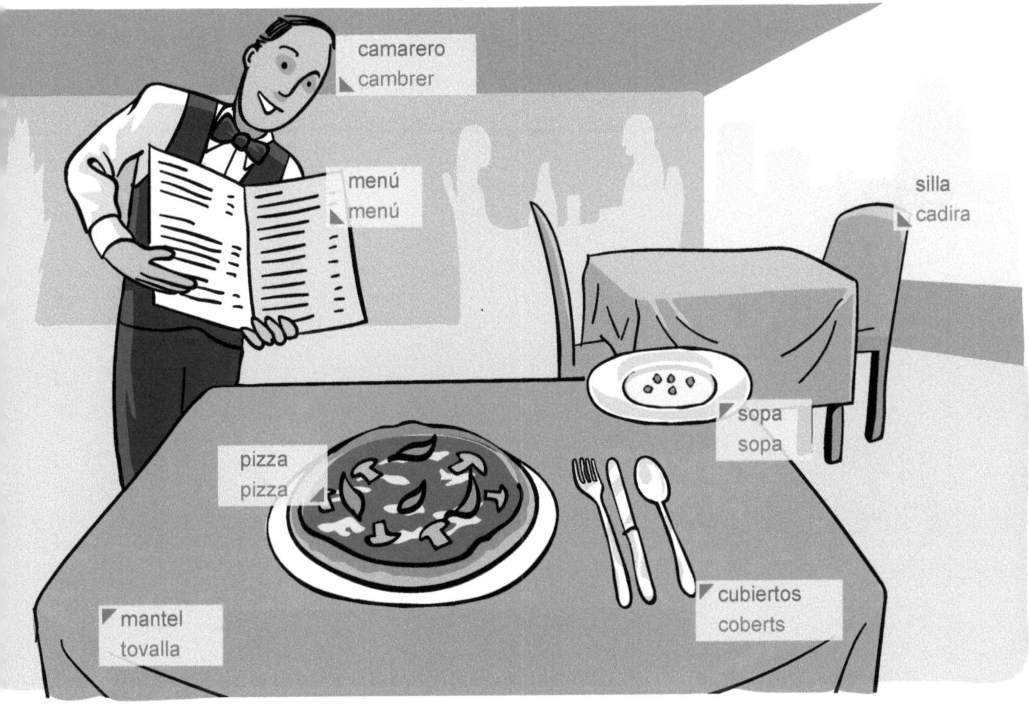

camarero
cambrer
menú
menú
silla
cadira
sopa
sopa
pizza
pizza
cubiertos
coberts
mantel
tovalla

entrada

primer plat

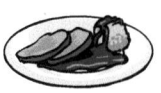

plato fuerte

plat principal

postre

darreries

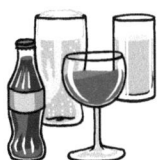

bebidas

begudes

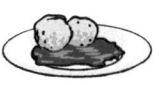

comida

menjar

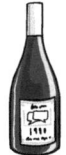

botella

ampolla

comida rápida

menjar ràpid

comida de calle

menjar de carrer

tetera

tetera

azucarera

sucrer

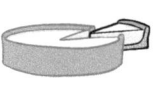

porción

porció

cafetera espresso

màquina d'espresso

periquera

trona

cuenta

factura

charola

plata

cuchillo

ganivet

tenedor

forqueta

cuchara

cullera

cuchara de té

cullereta

servilleta

tovalló

vaso

got

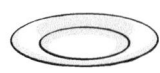

plato
plat

plato hondo
plat de sopa

plato
plateret

salsa
salsa

salero
saler

molino para pimienta
molinet de pebre

vinagre
vinagre

aceite
oli

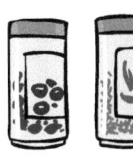

especias
espècies

kétchup
quètxup

mostaza
mostassa

mayonesa
maionesa

supermercado
supermercat

oferta especial
oferta especial
FOR
cliente
client
productos lácteos
productes lactis
fruta
fruites
carrito para compras
carret de la compra

BUTCHERS

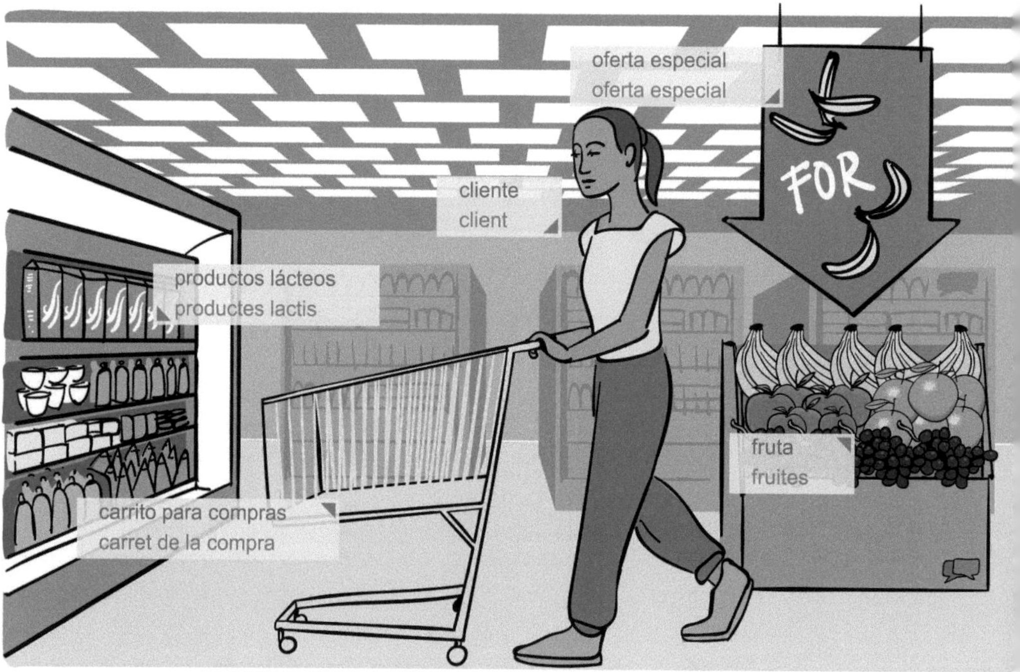

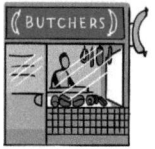

carnicería

carnisseria

BAKERY

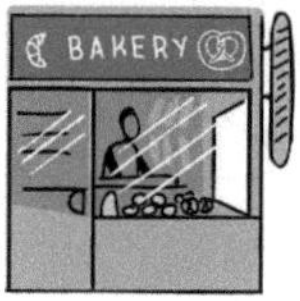

panadería

forn de pa

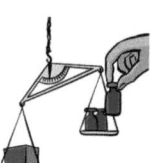

pesar

pesar

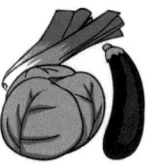

vegetales

verdures

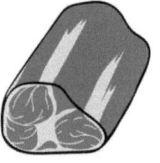

carne

carn

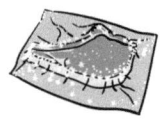

alimentos congelados

menjar congelat

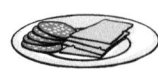

carnes frías

carn freda

alimentos enlatados

conserves

detergente en polvo

detergent en pols

dulces

dolços

electrodomésticos

articles domèstics

productos de limpieza

productes de neteja

vendedora

venedora

caja

caixa registradora

cajero

caixera

lista de compras

llista de la compra

horario de atención al público

horari d'obertura

cartera

portamonedes

tarjeta de crédito

carta de crèdit

bolsa

bossa

bolsa de plástico

bossa de plàstic

agua

aigua

jugo

suc

leche

llet

refresco de cola

coca-cola

vino

vi

cerveza

cervesa

alcohol

alcohol

cacao

cacau

té

te

café

cafè

espresso

espresso

cappuccino

cappuccino

plátano

banana

manzana

poma

naranja

taronja

melón

síndria

limón

llimona

zanahoria

pastanaga

ajo

all

bambú

bambú

cebolla

ceba

champiñón

bolet

nueces

avellanes

fideos

fideus

espaguetis

espaguetis

arroz

arròs

ensalada

amanida

patatas fritas

patates fregides

patatas fritas

patates fregides

pizza

pizza

hamburguesa

hamburguesa

emparedado

entrepà

filete

escalopa

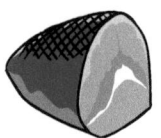

jamón

cuixot

salami

salami

salchicha

salsitxa

pollo

pollastre

asado

rostit

pescado

peix

copos de avena

flocs de civada

muesli

musli

copos de maíz

cereals

harina

farina

cuernito

croissant

bolillo

panet

pan

pa

tostada

torrada

galletas

bescuits

mantequilla

mantega

cuajada

mató

pastel

pastís

huevo

ou

huevo frito

ou fregit

queso

formatge

helado
gelat

azúcar
sucre

miel
mel

mermelada
melmelada

crema de chocolate
crema de xocolata

curry
curri

granja
granja

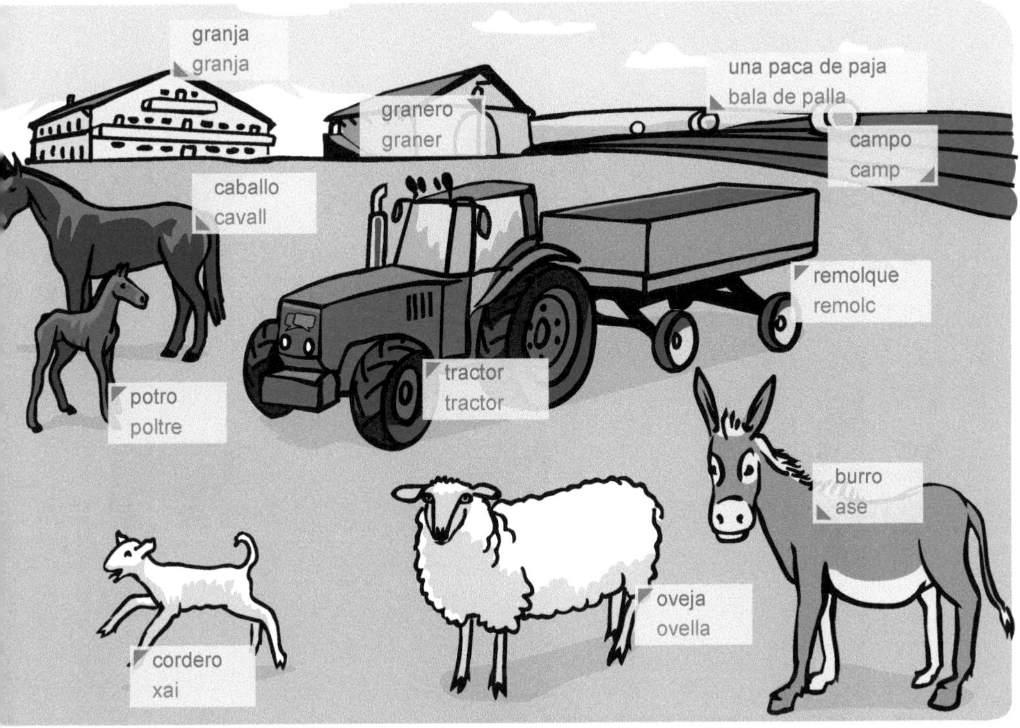
granja
granja
una paca de paja
bala de palla
granero
graner
campo
camp
caballo
cavall
remolque
remolc
tractor
tractor
potro
poltre
burro
ase
oveja
ovella
cordero
xai

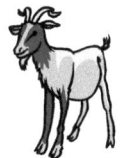

cabra

cabra

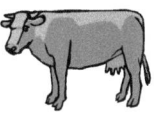

vaca

vaca

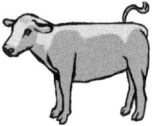

ternero

vedella

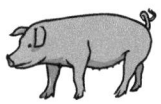

cerdo

porc

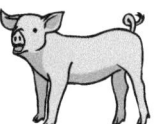

lechón

garrí

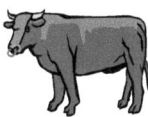

toro

bou

ganso
oca

pato
ànec

pollo
poll

gallina
gall

gallo
gallina

rata
rata

gato
gat

ratón
ratolí

buey
bou

perro
gos

casa dperro
gossera

manguera
mànega de regar

regadera
regadora

guadaña
dalla

arado
arada

28

hoz

falç

azadón

aixada

horquilla

forca

hacha

destral

carretilla

carretó

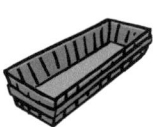

bebedero

abeurador

bote de leche

lletera

saco

sac

valla

tanca

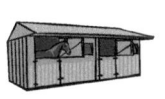

establo

establa

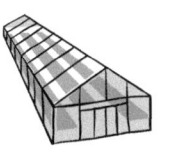

invernadero

hivernacle

suelo

sòl

semilla

llavor

fertilizador

adob

cosechadora

collidora

granja - granja

cosechar

collir

cosecha

collita

camote

nyam

trigo

blat

soja

soja

patata

patata

maíz

blat de moro o d'indi

semilde colza

colza

árbol frutal

arbre fruiter

mandioca

mandioca

cereales

cereals

casa
casa

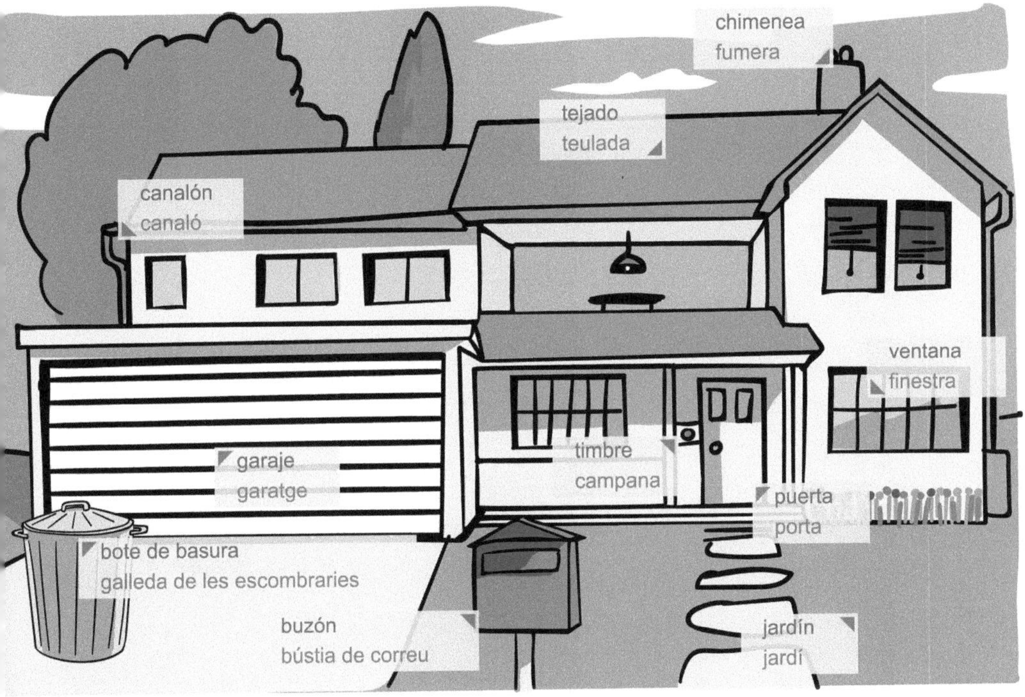
chimenea
fumera
tejado
teulada
canalón
canaló
ventana
finestra
timbre
campana
garaje
garatge
puerta
porta
bote de basura
galleda de les escombraries
buzón
bústia de correu
jardín
jardí

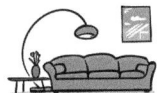

estancia
sala d'estar

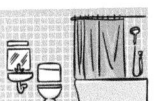

baño
bany

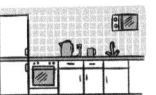

cocina
cuina

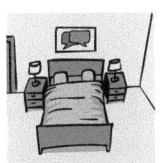

recámara
cambra de dormir

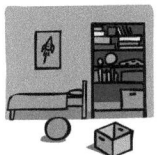

recámara de los niños
cambra de nen

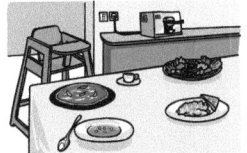

comedor
menjador

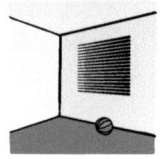

suelo

sòl

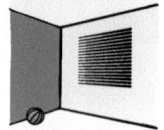

pared

paret

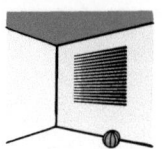

techo

sostre

sótano

soterrani

sauna

sauna

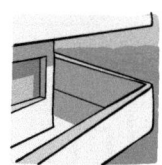

balcón

balcó

terraza

terrassa

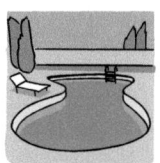

alberca

piscina

cortacésped

tallagespa

sábana

vànova

colcha

cobrellit

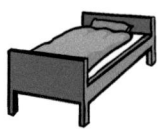

cama

llit

escoba

escombra

balde

galleda

interruptor

interruptor

estancia
sala d'estar

pappara empapelar
paper de paret
imagen
quadre
lámpara
làmpada
estante
prestatge
alacena
armari
televisión
televisor
chimenea
escalfapanxes
flor
flor
cojín
coixí
sofá
sofà
florero
gerro
control remoto
telecomanda

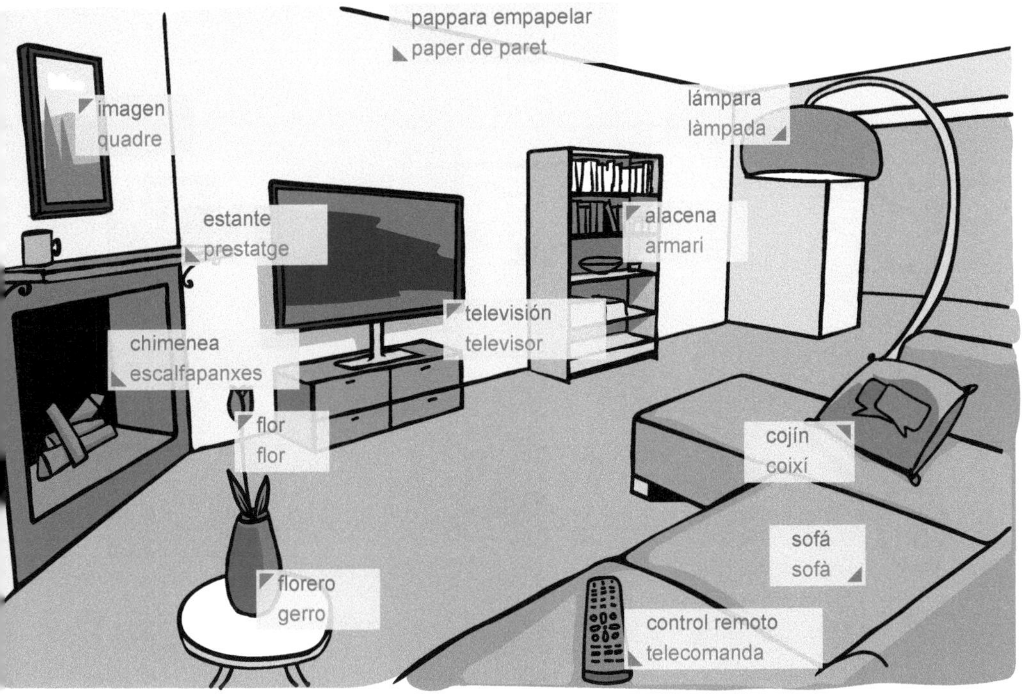

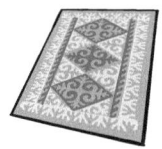

alfombra

catifa

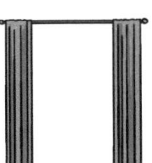

cortina

cortina

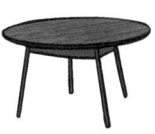

mesa

taula

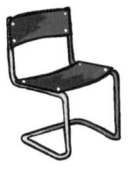

silla

cadira

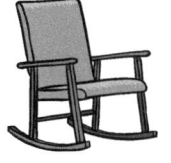

mecedora

cadira gronxadora

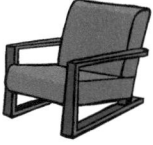

sillón

cadiral

libro
llibre

frazada
llençol

decoración
decoració

leña
llenya

película
film

equipo de música
cadena de música

llave
clau

periódico
diari

pintura
pintura

póster
cartell

radio
ràdio

cuaderno
bloc de notes

aspiradora
aspiradora

cactus
cactus

vela
candela

cocina
cuina

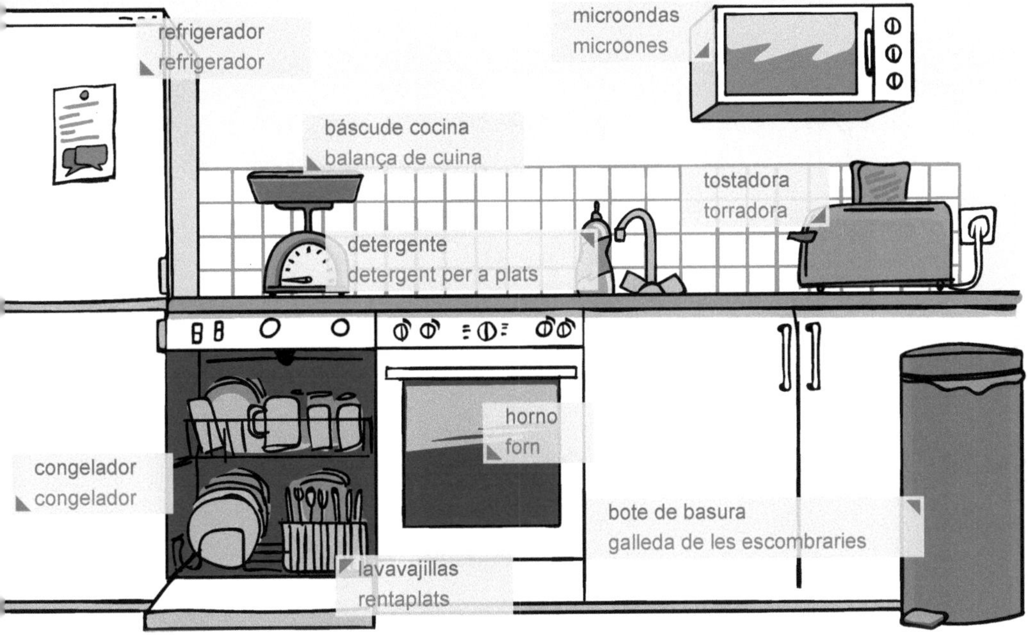
refrigerador
refrigerador
microondas
microones
báscude cocina
balança de cuina
tostadora
torradora
detergente
detergent per a plats
horno
forn
congelador
congelador
bote de basura
galleda de les escombraries
lavavajillas
rentaplats

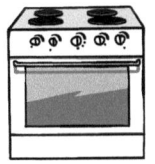

opresión

cuina de fogons

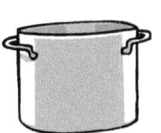

olla

olla

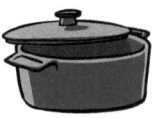

olde hierro fundido

olla de ferro colat

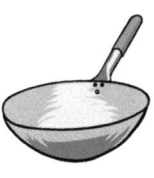

wok

wok / karahi

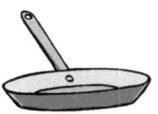

sartén

paella

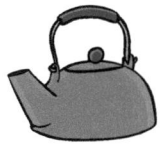

hervidor

bullidor

vaporera

olla de vapor

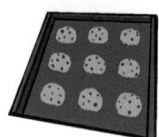

charode horno

plata de forn

loza

vaixella

taza

tassa grossa

bol

bol

palillos

bastonets xinesos

cucharón

culler

espátula

espàtula

batidora

batedor

colador

colador

colador

sedàs

rallador

ratllador

mortero

morter

barbacoa

barbacoa

fogata

foc a terra

tabpara picar

taula de tallar

rodillo para amasar

corró

sacacorchos

llevataps

lata

pot de conserva

abrelatas

obridor

guante de cocina

agafador

fregadero

aigüera

cepillo

raspall

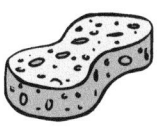

esponja

esponja

batidora

batedora

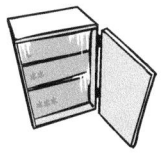

congelador

congelador

biberón

biberó

llave

aixeta

baño
bany

calefacción
calefacció
toalla
tovallola
ducha
dutxa
cortina de ducha
cortina de dutxa
baño de espuma
bany de bombolles
tina
banyera
vaso
got
lavadora
rentadora
llave
aixeta
baldosas
rajoles
bacinica
orinal
fregadero
aigüera

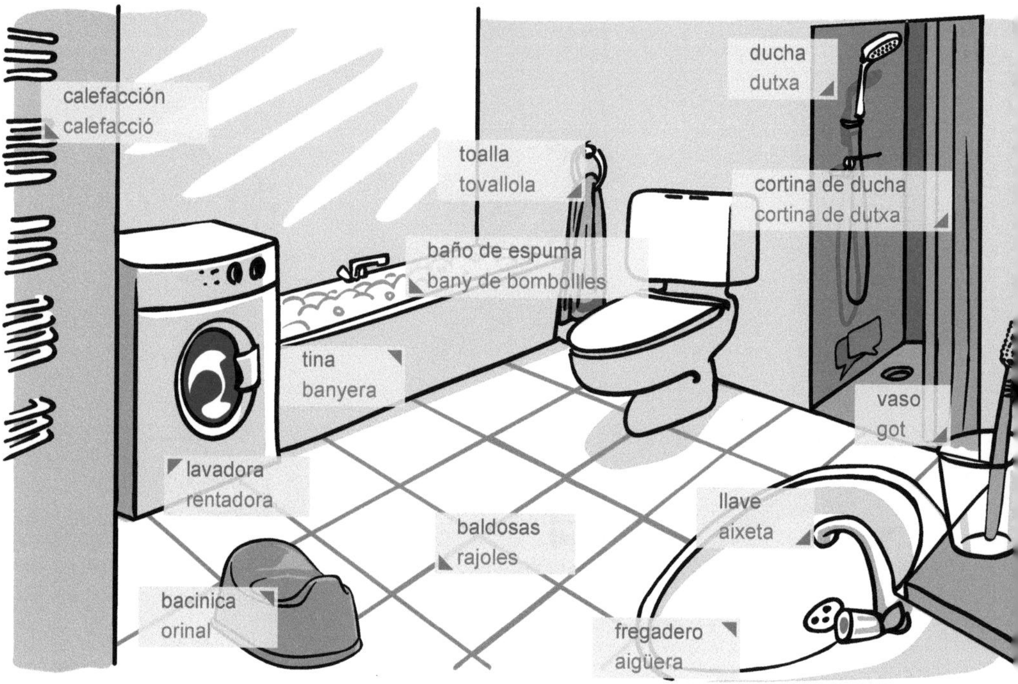

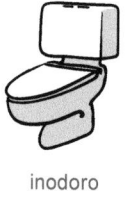

inodoro

lavabo

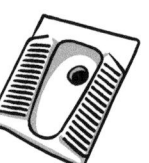

letrina

lavabo turc

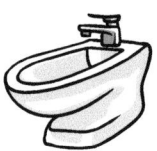

bidé

bidet

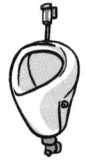

mingitorio

orinador

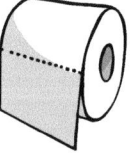

paphigiénico

paper higiènic

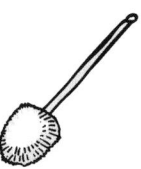

cepillo para baño

escombreta de sanitari

cepillo de dientes

raspall de dents

pasta dental

pasta de dents

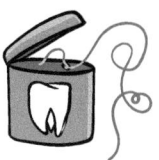

hilo dental

fil dental

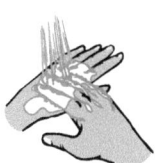

lavar

rentar

ducha de mano

pom de dutxa

ducha vaginal

dutxa íntima

fregadero

rentamans

cepillo de espalda

raspall per a l'esquena

jabón

sabó

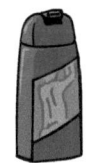

gde ducha

gel de dutxa

champú

xampú

toallita

manyopla de bany

drenaje

bonera

crema

crema

desodorante

desodorant

espejo

mirall

espejo de tocador

mirall-espill de mà

máquina para afeitar

maquineta de rasar

espuma de afeitar

espuma de barbejar

loción para después de afeitar

loció post-rasada

peine

pinta

cepillo

raspall

secadora

eixugador

laca

laca

maquillaje

maquillatge

lápiz labial

pintallavis

esmalte para uñas

esmalt d'ungles

algodón

cotó

tijeras para uñas

tallaungles

perfume

perfum

estuche para cosméticos
....
estoig de bellesa

taburete
....
tamboret

báscula
....
bàscula

bata
....
barnús

guantes de goma
....
guants de goma

tampón
....
compresa higiènica

toalsanitaria
....
compresa

baño móvil
....
sanitari químic

recámara de los niños

cambra de nen

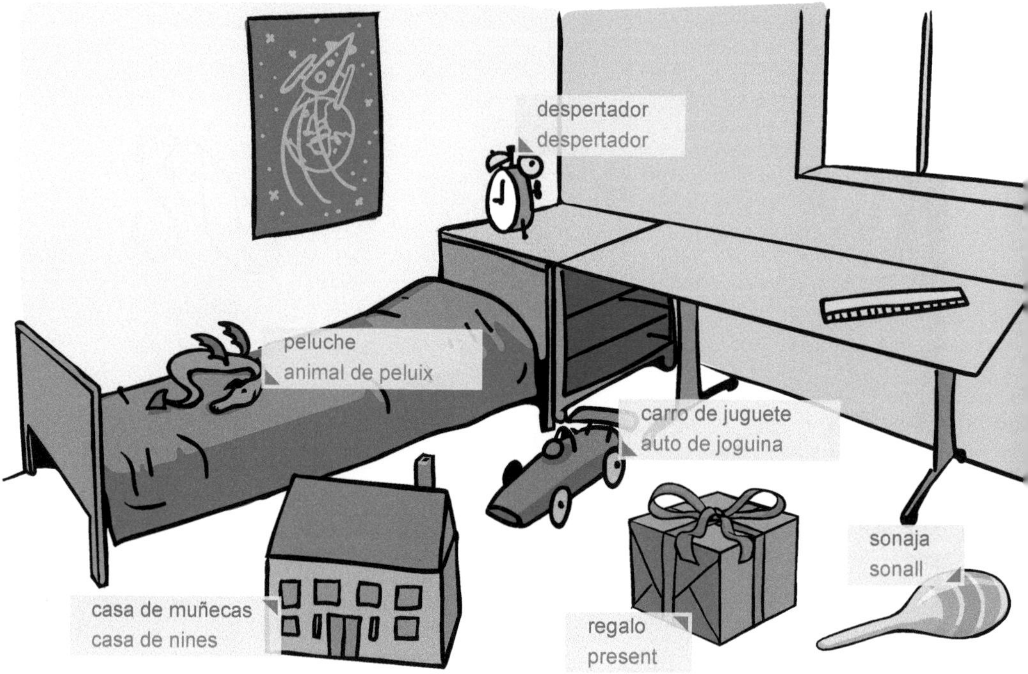
despertador
despertador
peluche
animal de peluix
carro de juguete
auto de joguina
sonaja
sonall
casa de muñecas
casa de nines
regalo
present

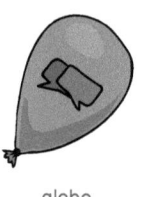

globo

baló

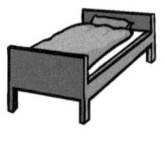

cama

llit

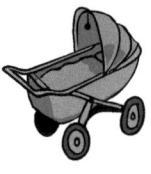

carriola

cotxet per a nens

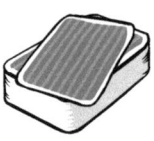

cartas

joc de cartes

rompecabezas

trencaclosca

SUPER MEGA

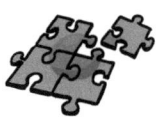

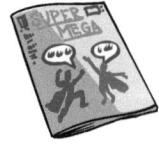

cómic

historieta

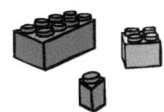

piezas de lego

peces de lego

bloques para jugar

peces de construcció

figura de acción

ninot d'acció

mameluco

granota

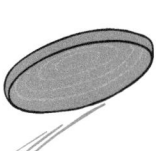

frisbee

frisbee

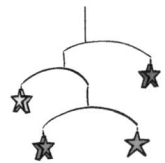

móvil para bebés

mòbil per a bressol

juego de mesa

joc de taula

dados

daus

tren eléctrico

tren elèctric

maniquí

xumet

fiesta

festa

álbum de fotos

llibre de dibuixos

balón

pilota

muñeca

nina

jugar

jugar

arenero
sorrera

columpio
gronxador

juguetes
joguines

consode videojuegos
consola de jocs de vídeo

triciclo
tricicle

oso de peluche
osset de peluix

clóset
armari

ropa

roba

calcetines
mitjons

pantimedias
mitges

mallas
mitja pantaló

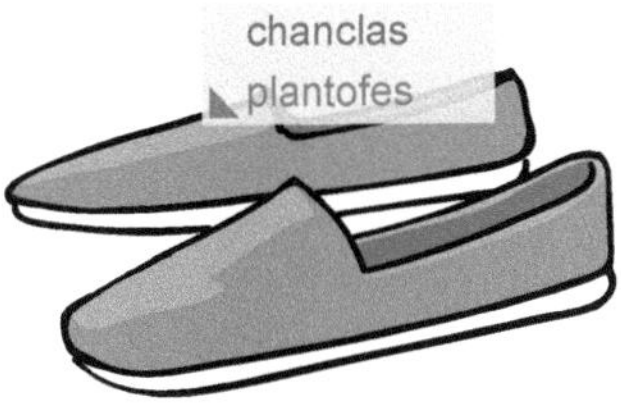

bufanda
tapacoll

paraguas
paraigua

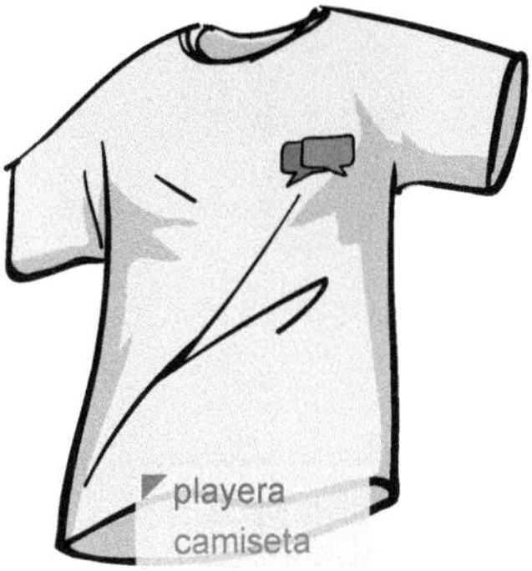

playera
camiseta

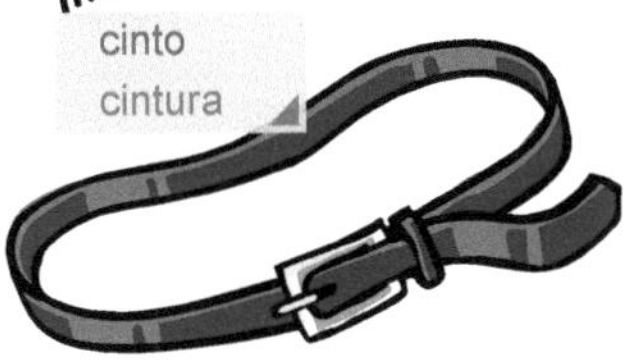

cinto
cintura

chanclas
plantofes

botas
botes

tenis
sabates d'esport

sandalias
sandàlies

zapatos
sabates

botas de goma
botes de goma

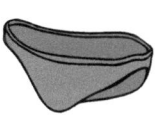

ropa interior
calçonets

brasier
sostenidor

chaleco
guardapits

body

jjustacòs

pantalones

pantalons

pantalones de mezclilla

jeans

falda

faldeta

blusa

brusa

camisa

camisa

suéter

jersei

sudadera

dessuadora

saco sport

blazer

chamarra

jaqueta

abrigo

mantell

impermeable

impermeable

traje

vestit de dona

vestido

vestit de dona

vestido de novia

vestit de núvia

traje

vestit d'home

camisón

camisa de dormir

pijama

pijama

sari

sari

pañuelo para cabeza

mocador de cap

turbante

turbant

burka

burca

caftán

caftan

abaya

abaia

traje de baño

vestit de bany

short de baño

calçon(et)s de bany

shorts

pantalons curts

pants

xandall

delantal

davantal

guantes

guants

botón

botó

gafas

ulleres

brazalete

braçalet

collar

collaret

anillo

anell

arete

orellera

gorra

casquet

gancho

penjador

sombrero

capell

corbata

corbata

cierre

cremallera

casco

casc

tirantes

elàstics

uniforme

uniforme escolar

uniforme

uniforme

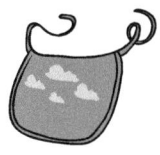

babero

pitet

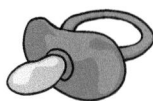

maniquí

xumet

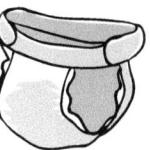

pañal

bolquer

oficina

oficina

servidor
servidor
archivo
armari arxivador
impresora
impressora
pap
paper
monitor
monitor
mouse
ratolí
escritorio
escriptori
carpeta
arxivador
teclado
teclat
bote de basura
paperera
computadora
ordinador
silla
cadira

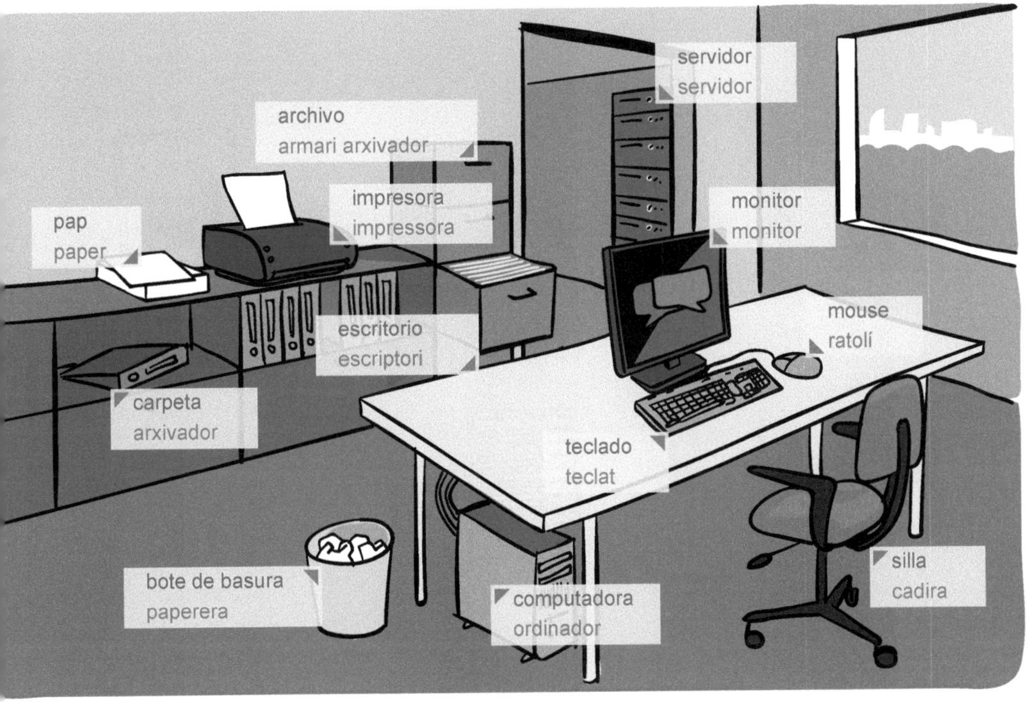

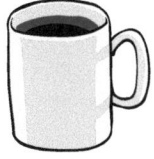

taza de café

tassa de cafè

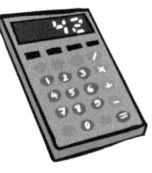

calculadora

calculadora

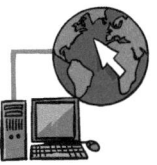

internet

Internet

notebook

ordinador portàtil

carta

lletra

mensaje

missatge

móvil

mòbil

red

xarxa

fotocopiadora

fotocopiadora

software

programari

teléfono

telèfon

tomacorriente

presa de corrent

fax

fax

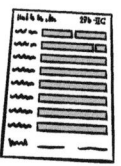

formulario

formulari

documento

document

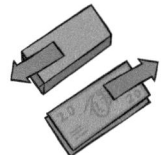

comprar

comprar

pagar

pagar

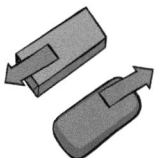

hacer negocios

comerciar

dinero

diners

dólar

dòlar

euro

euro

yen

ien

rublo

ruble

franco suizo

franc suís

yuan

renminbi

rupia

rupia

cajero automático

caixa automàtica

casa de cambio

oficina de canvi

oro

or

plata

argent

petróleo

petroli

energía

energia

precio

preu

contrato

contracte

impuesto

impost

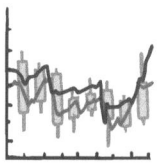

acción

acció

trabajar

treballar

empleado

treballador

empleador

empresari

fábrica

fàbrica

tienda

botiga

ocupaciones
oficis

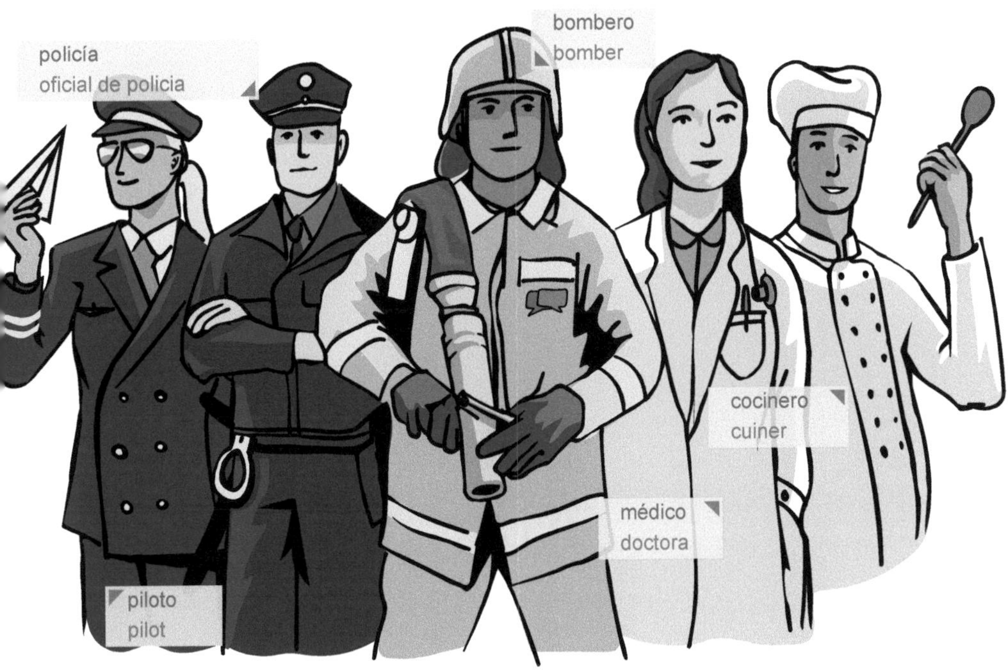
policía
oficial de policia
bombero
bomber
cocinero
cuiner
médico
doctora
piloto
pilot

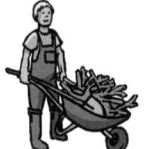

jardinero

jardiner

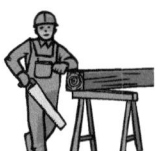

carpintero

fuster

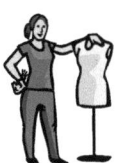

costurera

costurera

juez

jutge

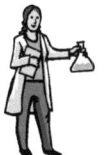

farmacéutico

química

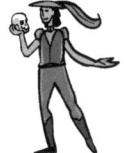

actor

actor

conductor de autobús

conductor d'autobús

taxista

taxista

pescador

pescador

señora de limpieza

dona de la neteja

instalador de techos

ensostrador

camarero

cambrer

cazador

caçador

pintor

pintor

panadero

forner

electricista

electricista

obrero

obrer de la construcció

ingeniero

enginyer

carnicero

carnisser

plomero

llanterner

cartero

correu

soldado

soldat

arquitecto

arquitecte

cajero

caixera

florista

florista

peluquero

perruquer

cobrador

revisor

mecánico

mecànic

capitán

capità

dentista

dentista

científico

científic

rabino

rabí

imán

imam

monje

monjo

sacerdote

capellà

herramientas

eines

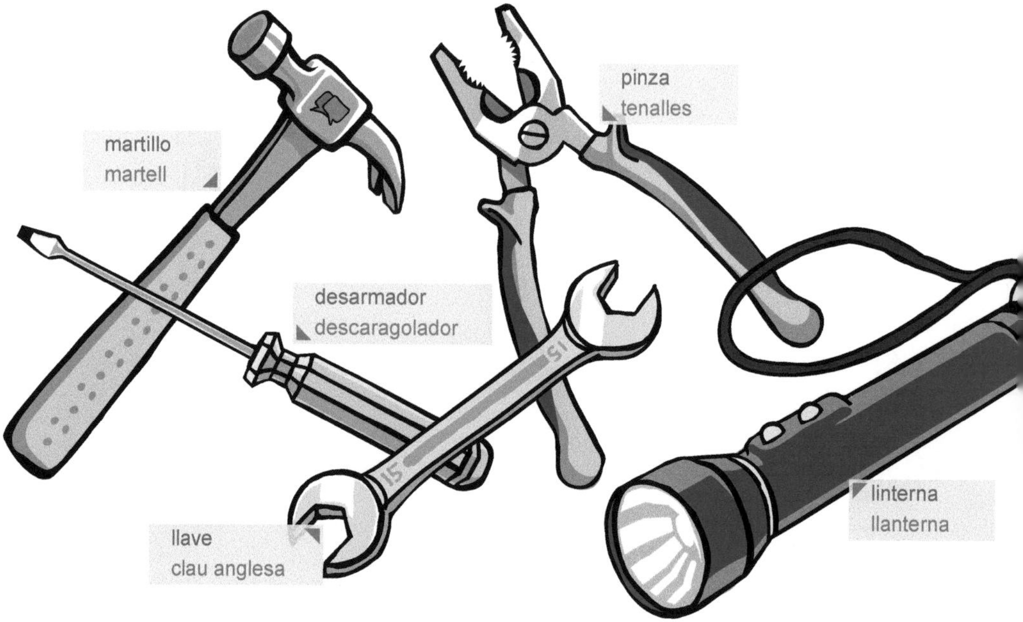

pinza
tenalles
martillo
martell
desarmador
descaragolador
linterna
llanterna
llave
clau anglesa

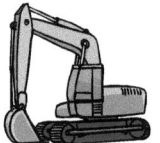

excavadora

excavadora

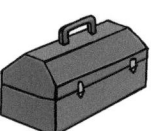

caja de herramientas

caixa d'eines

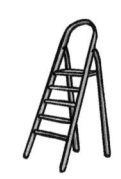

escalera de mano

escala

sierra

serra

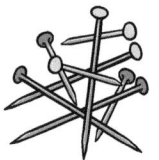

clavos

claus

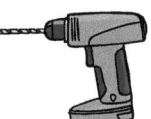

taladro

trepant

reparar
reparar

pala
pala

¡Maldición!
Maleït siga!

recogedor
pala

bote de pintura
pot de pintura

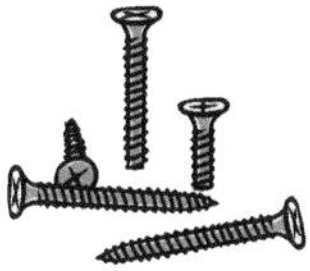

tornillos
caragols

instrumentos musicales
instrument de música

batería
bateria

altavoz
altaveu

contrabajo
contrabaix

trompeta
trompeta

guitarra
guitarra

piano
piano

violín
violí

bajo
baix

timbales
timbal

tambor
tambor

teclado
teclat

saxofón
saxofon

flauta
flauta

micrófono
micròfon

entrada
entrada

tigre
tigre

jaula
gàbia

cebra
zebra

alimento para animales
aliment per a animals

oso panda
ós panda

animales
animals

elefante
elefant

canguro
cangurú

rinoceronte
rinoceront

gorila
goril·la

oso
ós

camello

camell

avestruz

estruç

león

lleó

mono

simi

flamenco

flamenc

loro

papagai

oso polar

ós polar

pingüino

pingüí

tiburón

ca mari

pavo real

paó

serpiente

serp

cocodrilo

cocodril

guardián de zoológico

guardià del zoo

foca

foca

jaguar

jaguar

poni

poni

leopardo

lleopard

hipopótamo

hipopòtam

jirafa

girafa

águila

àliga

jabalí

senglar

pescado

peix

tortuga

tortuga

morsa

morsa

zorro

guineu

gacela

gasela

deportes
esports

fútbol americano
futbol americà

ciclismo
ciclisme

tenis
tenis

baloncesto
bàsquet

natación
natació

boxeo
boxa

hockey sobre hielo
hoquei sobre gel

fútbol

futbol americà

bádminton

bàdminton

atletismo

atletisme

handball

handbol

esquí

esquí

polo

polo

actividades
activitats

saltar
saltar
abrazar
abraçar
reír
riure
caminar
anar
cantar
cantar
soñar
somiar
rezar
pregar
besar
fer un petó

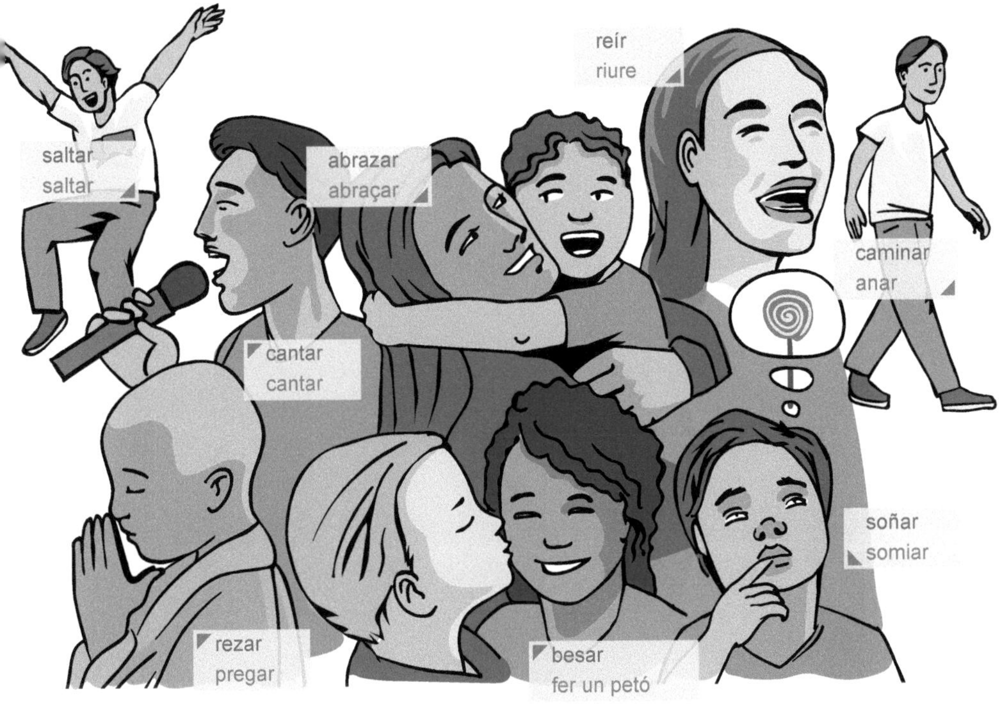

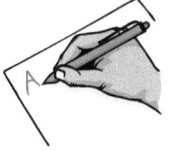

escribir

escriure

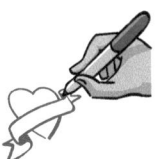

dibujar

dibuixar

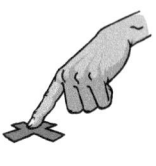

mostrar

mostrar

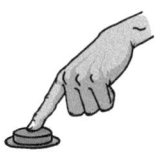

empujar

pitjar

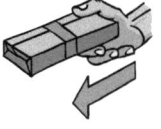

dar

donar

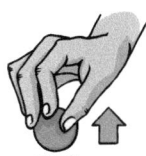

tomar

prendre

tener
tenir

hacer
fer

ser
ésser

estar parado
estar dret

correr
córrer

jalar
estirar

arrojar
llançar

caer
caure

estar acostado
jeure

esperar
esperar

llevar
portar

estar sentado
asseure's

vestirse
vestir-se

dormir
dormir

despertar
despertar-se

actividades - activitats

mirar
mirar

llorar
plorar

acariciar
amoixar

peinar
pentinar

hablar
parlar

entender
comprendre

preguntar
demanar

escuchar
escoltar

beber
beure

comer
menjar

ordenar
endreçar

amar
estimar

cocinar
cuinar

conducir
conduir

volar
volar

navegar

navegar

calcular

calcular

leer

llegir

aprender

aprendre

trabajar

treballar

casarse

casar-se

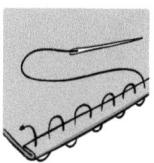

coser

cosir

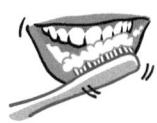

cepillarse los dientes

raspallar-se les dents

matar

matar

fumar

fumar

enviar

enviar

abuela
àvia

abuelo
avi

padre
pare

madre
mare

bebé
nadó

hija
filla

hijo
fill

invitado

convidat

tía

tia

tío

oncle

hermano

germà

hermana

germana

cuerpo

cos

frente
front
ojo
ull
hombro
espatlla
dedo
dit
cara
cara
barbilla
barbeta
mano
mà
pecho
pit
pierna
cama
brazo
braç

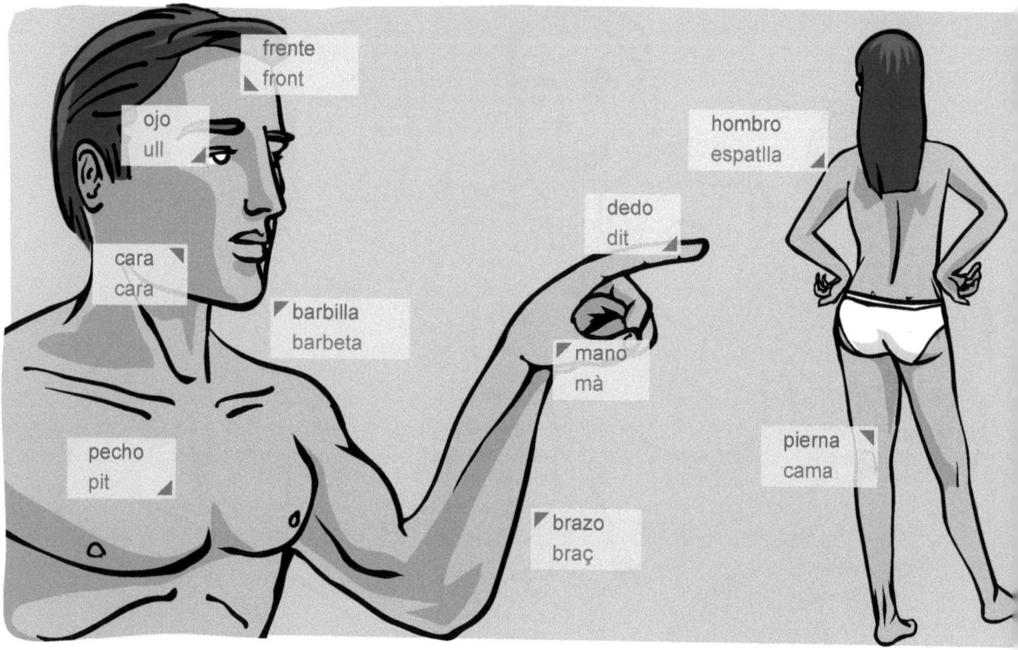

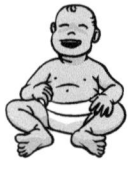

bebé

nadó

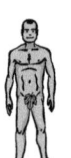

hombre

home

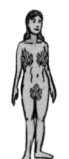

mujer

dona

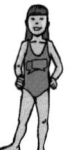

niña

noia

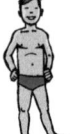

niño

noi

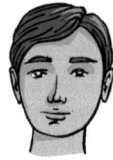

cabeza

cap

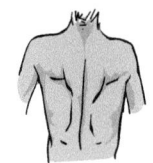

espalda

esquena

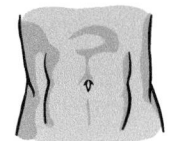

barriga

panxa

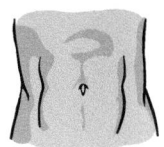

ombligo

melic

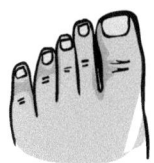

dedo dpie

dit gros del peu

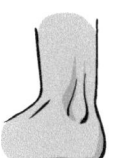

talón

taló

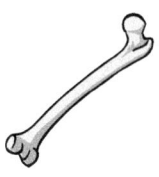

hueso

os

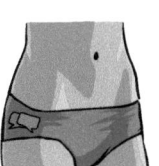

cadera

maluc

rodilla

genoll

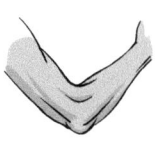

codo

colze

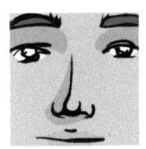

nariz

nas

pompis

cul

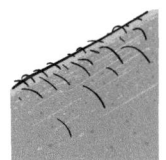

piel

pell

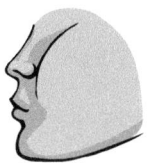

mejilla

galta

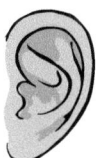

oído

orella

labio

llavi

boca
boca

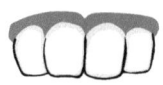

diente
dent

lengua
llengua

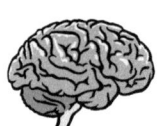

cerebro
cervell

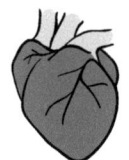

corazón
cor

músculo
múscul

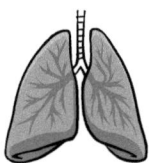

pulmón
pulmó

hígado
fetge

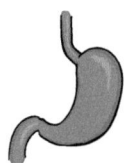

estómago
estómac

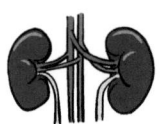

riñones
ronyó

sexo
relació sexual

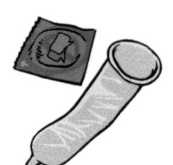

condón
preservatiu

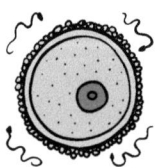

óvulo
ovari

semen
semen

embarazo
prenyat

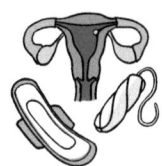

menstruación

menstruació

vagina

vagina

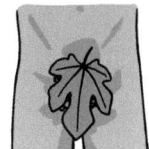

pene

penis

ceja

cella

cabello

cabells

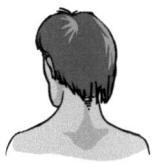

cuello

coll

hospital
hospital

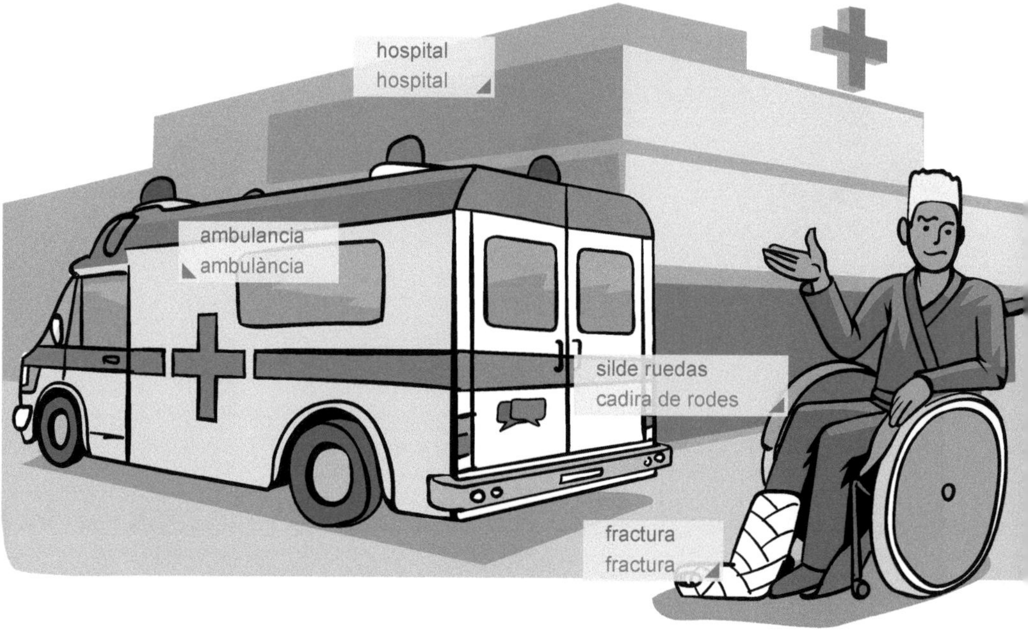

hospital
hospital
ambulancia
ambulància
silde ruedas
cadira de rodes
fractura
fractura

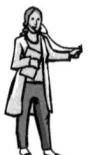

médico

doctora

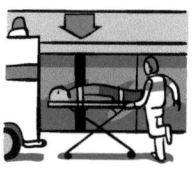

sade emergencias

sala d'urgències

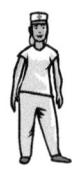

enfermera

infermera

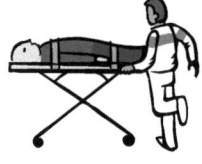

emergencia

urgència

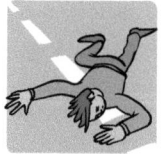

inconsciente

inconscient

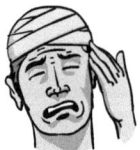

dolor

dolor

lesión
ferida

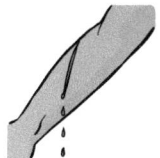

hemorragia
sagnament

infarto
atac de cor

accidente cerebrovascular
apoplexia

alergia
al·lèrgia

tos
tos

fiebre
febre

gripa
gripa

diarrea
diarrea

dolor de cabeza
mal de cap

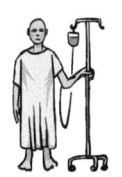

cáncer
càncer

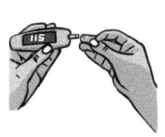

diabetes
diabetis

cirujano
cirurgià

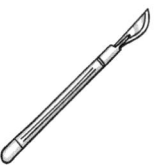

bisturí
escalpel

operación
operació

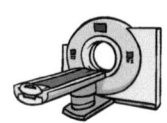

TC
....
tomografia computada (TC),
TAC

rayos x
....
raigs x

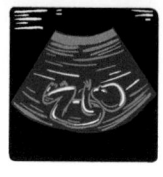

ultrasonido
....
ultrasò

mascarilla
....
mascareta

enfermedad
....
malaltia

sade espera
....
sala d'espera

muleta
....
crossa

vendita
....
tireta

vendaje
....
embenat

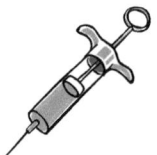

inyección
....
injecció

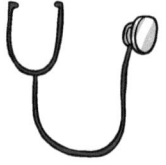

estetoscopio
....
estetoscopi

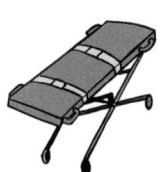

camilla
....
llitera

termómetro
....
termòmetre clínic

nacimiento
....
pariment

sobrepeso
....
sobrepès

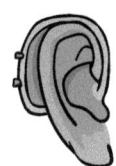

audífono

aparell auditiu

desinfectante

desinfectant

infección

infecció

virus

virus

VIH / SIDA

VIH / SIDA

medicina

medicina

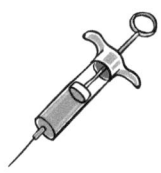

vacunación

vaccí

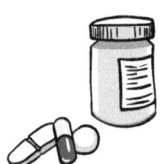

tabletas

comprimits

pastilanticonceptiva

píl·lola

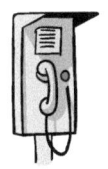

llamada de emergencia

trucada d'urgència

medidor de presión

tensiòmetre

enfermo / sano

malalt / sà

¡Socorro!

Socors!

alarma

alarma

agresión

assalt

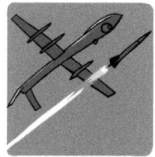

ataque

atac

peligro

perill

salida de emergencia

sortida-eixida d'urgència

¡Fuego!

Foc!

extintor de incendios

extintor

accidente

accident

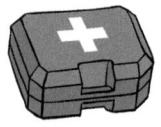

botiquín de primeros
auxilios

farmaciola de primers
auxilis

SOS

SOS

policía

policia

Europa

Europa

Norteamérica

Amèrica del Nord

Sudamérica

Amèrica del Sud

África

Àfrica

Asia

Àsia

Australia

Austràlia

Atlántico

Atlàntic

Pacífico

Pacífic

Océano Índico

Oceà Índic

Océano Antártico

Oceà Antàrtic

Océano Ártico

Oceà Àrtic

polo norte

pol nord

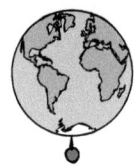

polo sur
pol sud

Antártida
Antàrtida

tierra
terra

tierra
país

mar
mar

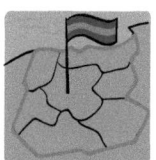

isla
illa

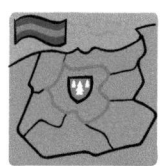

nación
nació

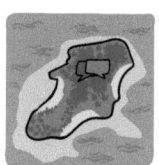

estado
estat

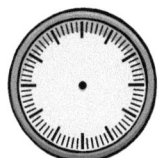

esfera

quadrant

manecilde las horas

agulla de les hores

minutero

agulla dels minuts

segundero

agulla dels segons

¿Qué hora es?

Quina hora és?

día

dia

hora

temps

ahora

ara

reloj digital

rellotge digital

minuto

minut

hora

hora

semana
setmana

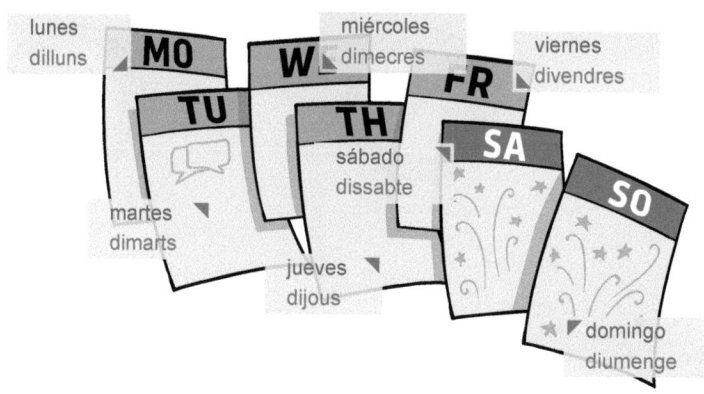

lunes / dilluns — MO
martes / dimarts — TU
miércoles / dimecres — W
jueves / dijous — TH
viernes / divendres — FR
sábado / dissabte — SA
domingo / diumenge — SO

ayer
ahir

hoy
avui

mañana
demà

mañana
matí

mediodía
migdia

tarde
tarda

MO	TU	WE	TH	FR	SA	SU
1	2	3	4	5	6	7
8	9	10	11	12	13	14
15	16	17	18	19	20	21
22	23	24	25	26	27	28
29	30	31	1	2	3	4

días laborables
dia feiner

MO	TU	WE	TH	FR	SA	SU
1	2	3	4	5	6	7
8	9	10	11	12	13	14
15	16	17	18	19	20	21
22	23	24	25	26	27	28
29	30	31	1	2	3	4

fin de semana
cap de setmana

lluvia
pluja

arco iris
arc de Sant Martí

nieve
neu

viento
vent

primavera
primavera

otoño
tardor

verano
estiu

invierno
hivern

4.APRIL	11°	☀
5.APRIL	4°	☁
6.APRIL	13°	☁
7.APRIL	8°	☀
8.APRIL	10°	☀

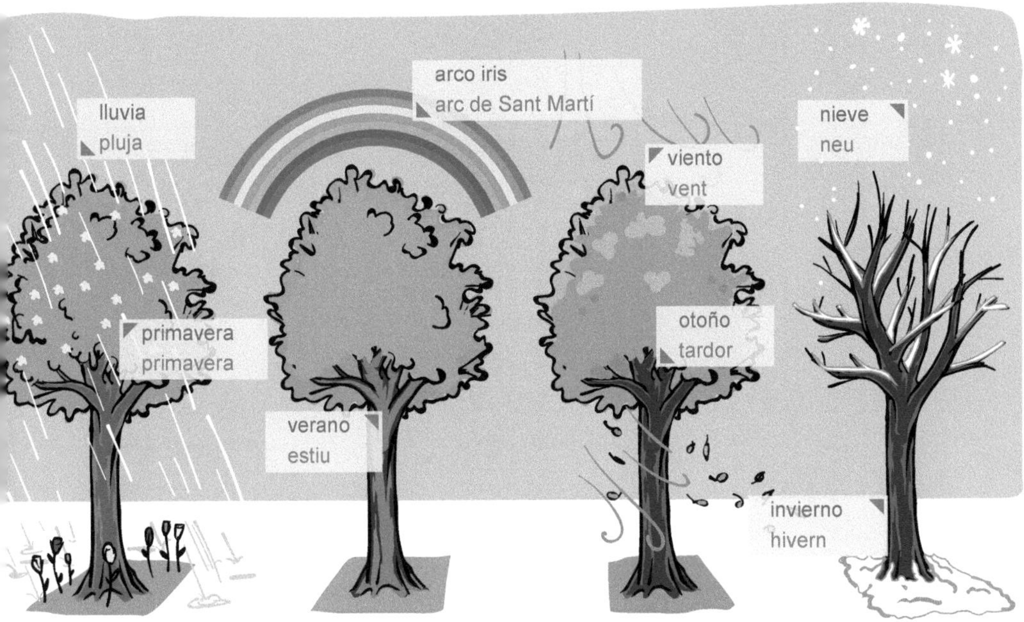

pronóstico dtiempo
....
pronòstic del temps

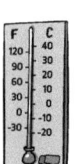

termómetro
....
termòmetre

sol
....
llum del sol

nube
....
núvol

niebla
....
boira

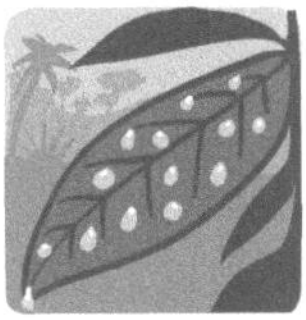

humedad
....
humiditat de l'aire

rayo

llamp

trueno

tro

tormenta

tempesta

granizo

calamarsa

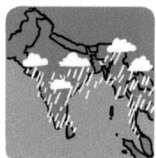

monzón

monsó

inundación

inundació

hielo

gel

enero

gener

febrero

febrer

marzo

març

abril

abril

mayo

maig

junio

juny

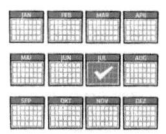

julio

juliol

agosto

agost

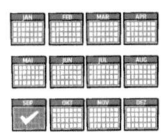

septiembre

setembre

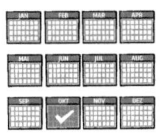

octubre

octubre

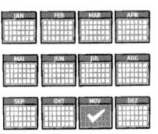

noviembre

novembre

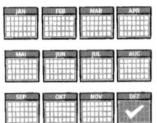

diciembre

desembre

círculo

cercle

cuadrado

quadrat

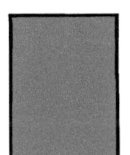

rectángulo

rectangle

triángulo

triangle

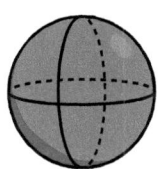

esfera

esfera

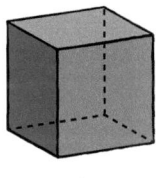

cubo

cub

blanco

blanc

amarillo

groc

naranja

taronja

rosa

rosa

rojo

vermell

morado

lila

azul

blau

verde

verd

marrón

marró

gris

gris

negro

negre

mucho / poco

molt / poc

enojado / tranquilo

emprenyat / tranquil

bonito / feo

bonic / lleig

principio / fin

començament / fi

grande / pequeño

gran / petit

claro / oscuro

clar / fosc

hermano / hermana

germà / germana

limpio / sucio

net / brut

completo / incompleto

complet / incomplet

día / noche

dia / nit

muerto / vivo

mort / viu

ancho / angosto

ample / estret

comestible / no comestible

··········

comestible / immenjable

malo / amable

··········

dolent / amable

entusiasmado / aburrido

··········

entusiasmat / entediat

gordo / delgado

··········

gros / prim

primero / último

··········

primer / darrer

amigo / enemigo

··········

amic / enemic

lleno / vacío

··········

ple / buit

duro / blando

··········

dur / tou

pesado / ligero

··········

pesant / lleuger

hambre / sed

··········

gana / set

enfermo / sano

··········

malalt / sà

ilegal / legal

··········

il·legal / legal

inteligente / tonto

··········

intel·ligent / ximple

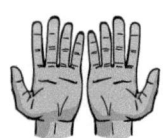

izquierda / derecha

··········

esquerra / dreta

cerca / lejos

··········

prop / llunyà

nueva / usado
nou / usat

nada / algo
res / quelcom

viejo / joven
vell / jove

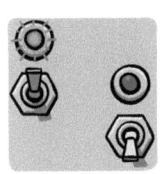
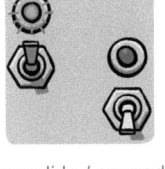

encendido / apagado
encès / apagat

abierto / cerrado
obert / tancat

silencioso / ruidoso
silenciós / sorollós

rico / pobre
ric / pobre

correcto / incorrecto
correcte / incorrecte

áspero / suave
aspre / suau

triste / contento
trist / content

corto / largo
curt / llarg

lento / rápido
lent / ràpid

húmedo / seco
humit / sec - eixut

caliente / frío
calent / fred

guerra / paz
guerra / pau

0

cero

zero

1

uno

u

2

dos

dos

3

tres

tres

4

cuatro

quatre

5

cinco

cinc

6

seis

sis

7

siete

set

8

ocho

vuit

9

nueve

nou

10

diez

deu

11

once

onze

12

doce
dotze

13

trece
tretze

14

catorce
catorze

15

quince
quinze

16

dieciséis
setze

17

diecisiete
disset

18

dieciocho
divuit

19

diecinueve
dinou

20

veinte
vint

100

cien
cent

1.000

mil
mil

1.000.000

millón
milió

inglés

anglès

inglés americano

anglès americà

chino mandarín

xinès mandarí

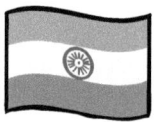

hindi

hindi

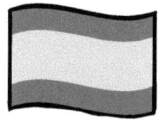

español

espanyol

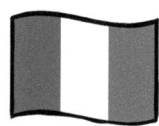

francés

francès

árabe

àrab

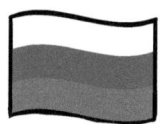

ruso

rus

portugués

portuguès

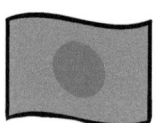

bengalí

bengalí

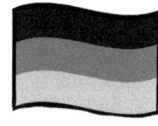

alemán

alemany

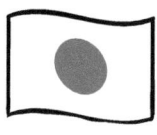

japonés

japonès

yo

jo

tú

tu

él / ella

ell / ella / allò

nosotros

nosaltres

vosotros

vosaltres

ellos

ells

¿quién?

qui?

¿qué?

què?

¿cómo?

com?

¿dónde?

on?

¿cuándo?

quan?

nombre

nom

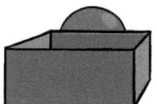

detrás

darrere

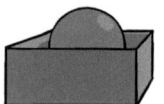

en

en

delante de

davant de

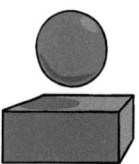

por encima de

damunt

sobre

sobre

debajo de

sota

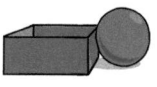

junto a

al costat

entre

entre

lugar

lloc